Imaculada Conceição

Francisco Catão

Imaculada Conceição

Citações bíblicas: *Bíblia Sagrada* – tradução da CNBB, 2ª ed., 2002.

Editora responsável: *Celina Weschenfelder*
Equipe editorial

3ª edição – 2010
5ª reimpressão – 2020

Nenhuma parte desta obra poderá ser reproduzida ou transmitida por qualquer forma e/ou quaisquer meios (eletrônico ou mecânico, incluindo fotocópia e gravação) ou arquivada em qualquer sistema ou banco de dados sem permissão escrita da Editora. Direitos reservados.

Paulinas

Rua Dona Inácia Uchoa, 62
04110-020 – São Paulo – SP (Brasil)
Tel.: (11) 2125-3500
http://www.paulinas.com.br – editora@paulinas.com.br
Telemarketing e SAC: 0800-7010081

© Pia Sociedade Filhas de São Paulo – São Paulo, 2003

Introdução

Indissociavelmente unida a Jesus, Maria é, depois dele, a personagem mais importante do Novo Testamento. Estando presente na vida de Jesus desde a concepção até a sua morte, acompanhou a comunidade dos discípulos e participou do triunfo definitivo de Deus. Os cristãos, desde muito cedo, consideraram significativa essa intimidade histórica da Mãe com o Filho, que se prolonga depois da morte, e a transpuseram para a eternidade.

Cremos que Maria, depois da morte, foi para junto de Jesus e está a seu lado, gloriosa para sempre. Festejamos a sua Assunção. Cremos também que, tendo estado sempre ao lado Filho, dele não esteve jamais separada nem por um momento sequer, desde a sua concepção. Não que fuja à sorte dos filhos de Eva, marcados pela ruptura dos primeiros pais, mas ela constitui, num sentido muito profundo, uma exceção, que não é, a bem dizer, um privilégio seu, mas uma riqueza surpreendente do amor de Deus e da graça. Não poderia jamais estar separada de Deus aquela que fora desde toda a eternidade chamada a ser Mãe do Filho de Deus. Separá-la de Deus seria separá-la de seu próprio Filho!

Por isso, desde épocas imemoriais, os cristãos invocam Maria como santa. Santa Maria, dizemos, rogai por nós pecadores, acentuando o contraste entre ela e nós, para termos a certeza de que não nos faltará o auxílio da Mãe de Deus, agora e na hora de nossa morte.

Durante mais de um milênio a experiência cristã se contentou com a simples confissão da santidade de Maria, ciente de que é a mesma santidade a que somos todos chamados a participar, a santidade de todo o povo cristão, toda derivada da santidade de Jesus, seu Filho.

Na Idade Média os teólogos levantaram a questão: Maria é santa como todos nós, em virtude da graça redentora de Jesus, ou deve-se reconhecer um caráter especial à santidade de Maria pelo fato de ter correspondido plenamente à sua vocação de Mãe de Deus? Não se pode conceber nenhuma santidade humana que não seja fruto do amor de Jesus, manifestado na cruz, embora se deva admitir que, entre todas as criaturas remidas por Jesus, Maria é sem dúvida a primeira.

Primeira de um modo todo especial. Há setecentos anos começou-se a dizer que sua redenção foi de tal maneira plena, cheia de graça, que, mais do que propriamente remida, ela foi preservada da culpa de Adão. Verdadeira Nova Eva, ao lado do Novo Adão, Cristo. Mãe de uma nova humanidade, a que todos somos chamados a participar, não pelo nascimento da carne, mas pelo Espírito, o nascimento da fé e do Batismo, na Igreja.

Desde 1854, a Imaculada Conceição é ensinada de modo definitivo pelo Magistério da Igreja como interpretação autêntica do que está contido no Novo Testamento e, de certo modo, presente em toda a história cristã. Nem sempre é fácil para outros cristãos admiti-lo. Gregos e evangélicos preferem guardar intocada sua tradição, que acentua em bloco a santidade de Maria. Como católicos, pedimos apenas que compreendam nossas razões e não tirem pretexto de nossa forma de honrar a Mãe de Deus para desconhecê-la ou, muito menos, desprezá-la.

O desejo de Maria é ver unidos a seu lado todos aqueles que creem na palavra do Anjo, participam de sua bem-aventurança, proclamada por Isabel, e fazem parte da família de Jesus, porque ouvem a sua palavra e a põem em prática.

PRIMEIRO DIA

Anunciação: o sim de Maria

V. Vinde, ó Deus, em meu auxílio.
R. Socorrei-me sem demora.
Glória ao Pai, ao Filho e ao Espírito Santo.
Como era no princípio, agora e sempre.
Amém.

Não quiseste sacrifício nem oferta, abriste o meu ouvido; não pediste holocausto nem expiação. Então eu disse: "Eis que venho. No topo do livro foi-me prescrito realizar a tua vontade; meu Deus, eu quero ter a tua lei dentro das minhas entranhas".
– Teu Deus está no meio de ti, um herói que salva!
Exulta de alegria por tua causa, estremece em seu amor! (Cf. Sl 40/39,7-9; Sf 3,17d)

Oração

Ó Deus, que em vista dos méritos de Cristo preparastes uma digna habitação para o vosso Filho, preservando de todo pecado Maria, sua Mãe, concedei-nos viver cada dia mais no amor e na santidade para chegarmos até vós purificados de toda culpa, por intercessão materna da Imaculada Conceição. Por Nosso Senhor Jesus Cristo, vosso Filho, na unidade do Espírito Santo.

Leitura (cf. Lc 1,26-38)

O anjo Gabriel foi enviado por Deus a uma virgem chamada Maria. Entrando onde ela estava, disse-lhe: "Alegra-te cheia de graça, o Senhor está contigo". Ela ficou intrigada com essas palavras e se pôs a pensar no significado daquela saudação. O anjo, então, acrescentou: "Não temas, Maria! Encontraste graça junto a Deus. Conceberás em teu seio e darás à luz um filho e o chamarás Jesus. Ele será grande, será chamado o Filho do Altíssimo. O Senhor Deus lhe dará o trono de Davi, seu pai, e o seu reinado não terá fim". Maria, porém, disse ao anjo: "Como será isso, se não conheço homem algum?". O anjo lhe respondeu: "O Espírito Santo virá sobre ti e o poder do Altíssimo vai te cobrir com sua sombra, por isso o Santo que nascer de ti será chamado Filho de Deus". Disse então Maria: "Eu sou a serva do Senhor; faça-se em mim segundo a tua palavra".

Partilha

Lucas não poderia ter interpretado de maneira mais simples e luminosa o que se passou no íntimo do coração de Maria quando esta se deu conta de que era visitada por Deus, por intermédio de seu arauto. Maria não se vê como mãe, mas não lhe é possível duvidar do que ouve, tal a intensidade do anúncio e a profundidade em que ela se sente atingida.

O anjo também, desde o início, tem certeza de que Maria vai dizer sim. Ilustra melhor sua mensagem: trata-se da realização da promessa de Deus, de aceitar ser mãe do Filho do Altíssimo.

A humilde confirmação de Maria, que se coloca inteiramente nas mãos de Deus como sua serva, acolhe a nova aliança que será selada pelo sim de seu Filho. Tal Filho, tal Mãe. O sim de Maria, na raiz da vinda do Messias, é também a raiz de sua santidade.

Intercessão

Pai, nós vos louvamos por chamar todos os humanos a participar da santidade de vosso Filho, no Espírito Santo. De modo particular, louvamo-vos pela santidade de Maria, pura de todo pecado desde o primeiro momento de sua concepção. Como criança, Jesus obedeceu a Maria, sua Mãe. Em Caná, a pedido de Maria, Jesus transformou a água em vinho. Imitando Jesus, pois, ousamos hoje nos dirigir a Maria para que, por sua intercessão, nos seja concedido o dom da inteira submissão ao Pai e, pela mediação única de Jesus, a transformação santificadora de nossa vida no Espírito Santo que convosco vive e reina, agora e para sempre. Amém.

Bênção

Que pela intercessão de Santa Maria, em nome de sua Conceição Imaculada, o Senhor nos abençoe, nos livre de todo mal, nos enriqueça com a graça da santidade e nos conduza à vida eterna. Amém.

SEGUNDO DIA

Feliz aquela que creu

V. Vinde, ó Deus, em meu auxílio.
R. Socorrei-me sem demora.
Glória ao Pai, ao Filho e ao Espírito Santo.
Como era no princípio, agora e sempre.
Amém.

"Do Senhor é a terra com o que ela contém,
o universo e os que nele habitam.
Quem vai subir o monte do Senhor?
Quem vai ficar no seu santuário?
Quem tem mãos inocentes e coração puro,
quem não jura para enganar seu próximo.
Este alcançará do Senhor a bênção,
e justiça de Deus, seu salvador."
(Sl 24,1.3.4a.5a)

Oração

Ó Deus, que em vista dos méritos de Cristo preparastes uma digna habitação para o vosso Filho, preservando de todo pecado Maria, sua Mãe, concedei-nos viver cada dia mais no amor e na santidade para chegarmos até vós purificados de toda culpa, por intercessão materna da Imaculada Conceição. Por Nosso Senhor Jesus Cristo, vosso Filho, na unidade do Espírito Santo.

Leitura (cf. Lc 1,39-45)

Naqueles dias Maria pôs-se logo a caminho da região montanhosa, dirigindo-se a uma cidade de Judá. Entrou na casa de Zacarias e saudou Isabel. Ora, quando Isabel ouviu a saudação de Maria, a criança lhe estremeceu no ventre e Isabel ficou repleta do Espírito Santo. Com um grande grito, exclamou: "Bendita és tu entre as mulheres e bendito o fruto de teu ventre! Donde me vem que a mãe do meu Senhor me visita? Pois quando tua saudação chegou aos meus ouvidos, a criança estremeceu de alegria em meu ventre. Feliz aquela que creu, pois o que lhe foi dito da parte do Senhor será cumprido!".

Partilha

O Espírito Santo, cujo poder fez com que Maria engravidasse, continua atuando. Leva Maria, portadora de Jesus, à casa de Isabel e manifesta-se no estremecimento da criança no ventre materno. Abre, enfim, a boca de Isabel, que proclama a bem-aventurança da Mãe por causa de sua fé e a do Filho por sua visita.

A visita de Deus acolhida na fé é a primeira grande manifestação da santidade de Maria. A concepção imaculada de Maria era segredo de Deus. Nem mesmo seus pais poderiam ter suspeitado. Mas, agora, a santidade de Maria transforma a vida das pessoas, a começar pelas mais próximas.

Todos somos chamados à santidade e a sermos, como Maria, pela nossa fé, portadores de Jesus para os outros, a começar pelo nosso próximo.

Intercessão

Pai, nós vos louvamos por chamar todos os humanos a participar da santidade de vosso Filho, no Espírito Santo. De modo particular, louvamo-vos pela santidade de Maria, pura de todo pecado desde o primeiro momento de sua concepção. Como criança, Jesus obedeceu a Maria, sua Mãe. Em Caná, a pedido de Maria, Jesus transformou a água em vinho. Imitando Jesus, pois, ousamos hoje nos dirigir a Maria para que, por sua intercessão, nos seja concedido o dom da inteira submissão ao Pai e, pela mediação única de Jesus, a transformação santificadora de nossa vida no Espírito Santo, que convosco vive e reina, agora e para sempre. Amém.

Bênção

Que pela intercessão de Santa Maria, em nome de sua Conceição Imaculada, o Senhor nos abençoe, nos livre de todo mal, nos enriqueça com a graça da santidade e nos conduza à vida eterna. Amém.

TERCEIRO DIA

A humildade de Maria

V. Vinde, ó Deus, em meu auxílio.
R. Socorrei-me sem demora.
Glória ao Pai, ao Filho e ao Espírito Santo.
Como era no princípio, agora e sempre.
Amém.

Cântico evangélico

A minha alma engrandece o Senhor,
e meu espírito se alegra em Deus,
meu Salvador,
porque ele olhou para a humildade
de sua serva.
Todas as gerações, de agora em diante,
me chamarão feliz,
porque o Poderoso fez para mim
coisas grandiosas.
O seu nome é santo,

e sua misericórdia se estende
de geração em geração
sobre aqueles que o temem.
Ele mostrou a força de seu braço:
dispersou os que têm planos orgulhosos
no coração.
Derrubou os poderosos de seus tronos
e exaltou os humildes.
(Lc 1,47-52)

Oração

Ó Deus, que em vista dos méritos de Cristo preparastes uma digna habitação para o vosso Filho, preservando de todo pecado Maria, sua Mãe, concedei-nos viver cada dia mais no amor e na santidade para chegarmos até vós purificados de toda culpa, por intercessão materna da Imaculada Conceição. Por Nosso Senhor Jesus Cristo, vosso Filho, na unidade do Espírito Santo.

Leitura (cf. Lc 2,1-7)

Naqueles dias apareceu um edito de César Augusto ordenando o recenseamento de todo o mundo habitado. [...] Cada um ia se alistar em sua própria cidade. Também José subiu da cidade de Nazaré, na Galileia, para a Judeia, a cidade de Davi, a fim de se inscrever com Maria, sua mulher, que estava grávida. Enquanto lá estava, completaram-se os dias para o parto e ela deu à luz seu filho primogênito, envolveu-o com faixas e reclinou-o numa manjedoura, porque não havia lugar para eles na hospedaria.

Partilha

A imaginação cristã cuidou de embelezar a cena do Natal. O evangelista a simplifica. Sublinha a submissão de José e de Maria, apesar de sua gravidez, ao poder civil, a ponto de o jovem casal enfrentar a subida de Nazaré para Belém e de não encontrar acomodação senão junto ao cocho, em um compartimento ou gruta reservada aos animais.

Completam-se os dias da gestação e Maria dá à luz um menino, despercebida dos olhos humanos. Somente a alegria dos anjos e a mão de Deus, por intermédio dos pastores e dos sábios do Oriente, confortam o humilde casal, de cuja santidade só desconfia o orgulhoso Herodes. Por temer o surgimento de um rival, ele mergulha a cidade de Davi em um histórico infanticídio. A pureza do coração de Maria e a fidelidade desinteressada de José são manifestações inequívocas da santidade de Deus, cuja presença entre os humanos é salva pela humildade de seus pais.

Intercessão

Pai, nós vos louvamos por chamar todos os humanos a participar da santidade de vosso Filho, no Espírito Santo. De modo particular, louvamo-vos pela santidade de Maria, pura de todo pecado desde o primeiro momento de sua concepção. Como criança, Jesus obedeceu a Maria, sua Mãe. Em Caná, a pedido de Maria, Jesus transformou a água em vinho. Imitando Jesus, pois, ousamos hoje nos dirigir a Maria para que, por sua intercessão, nos seja concedido o dom da inteira submissão ao Pai e, pela mediação única de Jesus, a transformação santificadora de nossa vida no Espírito Santo, que convosco vive e reina, agora e para sempre. Amém.

Bênção

Que pela intercessão de Santa Maria, em nome de sua Conceição Imaculada, o Senhor nos abençoe, nos livre de todo mal, nos enriqueça com a graça da santidade e nos conduza à vida eterna. Amém.

QUARTO DIA

Maria e a lei de Deus

V. Vinde, ó Deus, em meu auxílio.
R. Socorrei-me sem demora.
Glória ao Pai, ao Filho e ao Espírito Santo.
Como era no princípio, agora e sempre.
Amém.

"Felizes os que procedem com retidão,
os que caminham na lei do Senhor.
Felizes os que guardam seus testemunhos
e o procuram de todo o coração.
Não cometem iniquidade,
andam por seus caminhos.
De todo coração te procuro:
não me deixes desviar dos teus preceitos."
(Sl 119,1-3.10)

Oração

Ó Deus, que em vista dos méritos de Cristo preparastes uma digna habitação para o vosso Filho, preservando de todo pecado Maria, sua Mãe, concedei-nos viver cada dia mais no amor e na santidade para chegarmos até vós purificados de toda culpa, por intercessão materna da Imaculada Conceição. Por Nosso Senhor Jesus Cristo, vosso Filho, na unidade do Espírito Santo.

Leitura (cf. Lc 2,22-23)

Quando se completaram os dias para a purificação da Mãe (cf. Lv 12,2-4) e resgate da criança (cf. Nm 18,15) previstos na Lei de Moisés, seus pais levaram Jesus a Jerusalém a fim de apresentá-lo ao Senhor. Todo macho que abre o útero será consagrado ao Senhor (cf. Lv 5,7) e, para oferecer em sacrifício, como vem dito na Lei do Senhor, um par de rolas ou dois pombos (cf. Lv 12,8).

Partilha

A santidade de Jesus e de Maria se exprime inicialmente pela observância da Lei, pois, como terá ocasião de explicar o próprio Jesus, ele não veio para abolir a lei, mas para cumpri-la (cf. Mt 5,17). Na realidade, porém, como ficou manifesto em toda a sua vida, na resistência e até mesmo na rejeição que enfrentou por parte dos representantes da Lei, a santidade que veio comunicar-se com os humanos não consiste em observâncias religiosas, mas em um dom de Deus que, recebido na fé, manifesta-se nas obras de justiça e de amor.

Maria procede como israelita piedosa e observa a lei, mas, de fato, sua santidade é a santidade cristã, a primeira de todos os cristãos santificada pelo dom de Deus, que a preservou de toda mancha do pecado, desde o primeiro instante de sua existência. Maria une em si os dois testamentos, o antigo e o novo, a lei e a graça, e, em um certo sentido, toda a humanidade, que, no fundo do seu coração, é feliz por trilhar os caminhos da lei e vive em ação de graças pelo dom recebido.

Intercessão

Pai, nós vos louvamos por chamar todos os humanos a participar da santidade de vosso Filho, no Espírito Santo. De modo particular, louvamo-vos pela santidade de Maria, pura de todo pecado desde o primeiro momento de sua concepção. Como criança, Jesus obedeceu a Maria, sua Mãe. Em Caná, a pedido de Maria, Jesus transformou a água em vinho. Imitando Jesus, pois, ousamos hoje nos dirigir a Maria para que, por sua intercessão, nos seja concedido o dom da inteira submissão ao Pai e, pela mediação única de Jesus, a transformação santificadora de nossa vida no Espírito Santo, que convosco vive e reina, agora e para sempre. Amém.

Bênção

Que pela intercessão de Santa Maria, em nome de sua Conceição Imaculada, o Senhor nos abençoe, nos livre de todo mal, nos enriqueça com a graça da santidade e nos conduza à vida eterna. Amém.

QUINTO DIA

A intercessão de Maria

V. Vinde, ó Deus, em meu auxílio.
R. Socorrei-me sem demora.
Glória ao Pai, ao Filho e ao Espírito Santo.
Como era no princípio, agora e sempre. Amém.

"Aclamai a Deus, terra inteira,
cantai hinos à glória do seu nome,
dai glória em seu louvor.
Dizei a Deus: 'Como são estupendas as tuas obras!'
Vinde ver as maravilhas de Deus: admirável é seu agir para com os homens."
(Sl 66,1-3a.5)

Oração

Ó Deus, que em vista dos méritos de Cristo preparastes uma digna habitação para o vosso Filho, preservando de todo pecado Maria, sua Mãe, concedei-nos viver cada dia mais no amor e na santidade para chegarmos até vós purificados de toda culpa, por intercessão materna da Imaculada Conceição. Por Nosso Senhor Jesus Cristo, vosso Filho, na unidade do Espírito Santo.

Leitura (cf. Jo 2,1-5.7-9a)

No terceiro dia houve um casamento em Caná da Galileia, e a mãe de Jesus estava lá. Jesus foi convidado para o casamento e seus discípulos também. Ora, não havia mais vinho, pois o vinho do casamento havia acabado. Então, a mãe de Jesus lhe disse: "Eles não têm mais vinho". Respondeu-lhe Jesus: "Que queres de mim, mulher? Minha hora ainda não chegou".

Sua mãe disse aos serventes: "Fazei tudo o que ele vos disser". E Jesus lhes disse: "Enchei as talhas de água". Eles encheram os jarros até a borda. Então lhes disse: "Tirai agora e levai ao mestre de cerimônias". Eles levaram. Quando o mestre de cerimônias provou a água, ela se havia transformado em vinho.

Partilha

A hora de Jesus é antecipada por um pedido de Maria. Ela vem sempre antes, previne, toma a iniciativa de fazer o bem, pois recebeu de Deus a graça da redenção e da santidade antes que fosse manchada pelo pecado que afeta a todos nós, filhos de Eva.

Jesus não diz sim. Maria, no entanto, que o conhece como ninguém, sabendo quais sentimentos animam aquele coração de Filho de Deus, recomenda aos servidores que se coloquem a sua disposição.

Maravilhosa recomendação materna: ponhamo-nos todos à disposição de Jesus, façamos o que ele nos diz.

O resultado é a transformação da água, sinal da transformação de nossa vida, que muda da água para o vinho quando ouvimos e acolhemos a palavra de Jesus.

Intercessão

Pai, nós vos louvamos por chamar todos os humanos a participar da santidade de vosso Filho, no Espírito Santo. De modo particular, louvamo-vos pela santidade de Maria, pura de todo pecado desde o primeiro momento de sua concepção. Como criança, Jesus obedeceu a Maria, sua Mãe. Em Caná, a pedido de Maria, Jesus transformou a água em vinho. Imitando Jesus, pois, ousamos hoje nos dirigir a Maria para que, por sua intercessão, nos seja concedido o dom da inteira submissão ao Pai e, pela mediação única de Jesus, a transformação santificadora de nossa vida no Espírito Santo, que convosco vive e reina, agora e para sempre. Amém.

Bênção

Que pela intercessão de Santa Maria, em nome de sua Conceição Imaculada, o Senhor nos abençoe, nos livre de todo mal, nos enriqueça com a graça da santidade e nos conduza à vida eterna. Amém.

SEXTO DIA

Ouvir a palavra de Jesus

V. Vinde, ó Deus, em meu auxílio.
R. Socorrei-me sem demora.
Glória ao Pai, ao Filho e ao Espírito Santo.
Como era no princípio, agora e sempre.
Amém.

Minha parte, Senhor, eu te digo,
é escutar as tuas palavras.
De todo o coração busco a tua face,
tendes piedade de mim conforme a tua promessa!
Reflito em meus caminhos,
voltando meus pés para teus testemunhos.
Associo-me a todos os que te temem
e observo tuas normas.
A terra, Senhor, está cheia do teu amor,
ensina-me teus estatutos.
(Cf. Sl 119,57-59.63-64)

Oração

Ó Deus, que em vista dos méritos de Cristo preparastes uma digna habitação para o vosso Filho, preservando de todo pecado Maria, sua Mãe, concedei-nos viver cada dia mais no amor e na santidade para chegar até vós purificados de toda culpa, por intercessão materna da Imaculada Conceição. Por Nosso Senhor Jesus Cristo, vosso Filho, na unidade do Espírito Santo.

Leitura (cf. Mt 12,46-50)

Jesus estava falando às multidões, e sua mãe e seus irmãos ficaram do lado de fora, procurando falar-lhe. "Tua mãe e teus irmãos estão lá fora e procuram falar-te." Jesus respondeu àquele que o avisou: "Quem é minha mãe, e quem são meus irmãos?". E apontando para os discípulos, disse: "Eis aqui minha mãe e meus irmãos, porque aquele que fizer a vontade de meu Pai, que está nos céus, esse é meu irmão, irmã e mãe".

Partilha

Maria colocou toda a sua vida a serviço da Palavra de Deus, que acolheu em seu coração e em seu ventre. Como ninguém, ela pode dizer que sua missão é observar a Palavra do Senhor. Santa, imaculada desde sua concepção, é Mãe de Jesus não apenas por tê-lo carregado no ventre, mas, sobretudo, como nos sugere Jesus nesse texto maravilhoso, por ouvir a Palavra de Deus e colocá-la em prática.

A santidade de Maria brilha de maneira serena no universo da graça como uma estrela guia de todos aqueles que se aproximam de Jesus para ouvir a Palavra. Sendo mãe, no espírito e na carne, não precisou antepor o amor de Jesus ao amor do próprio filho, como o exige Jesus (cf. Mt 10,37). Amando seu filho acima de tudo cumpria o mandamento primeiro, de amar a Deus acima de todas as coisas. Mais perfeito e mais importante do que optar por Jesus é amá-lo naturalmente, como toda mãe ama seu filho!

Intercessão

Pai, nós vos louvamos por chamar todos os humanos a participar da santidade de vosso Filho, no Espírito Santo. De modo particular, louvamo-vos pela santidade de Maria, pura de todo pecado desde o primeiro momento de sua concepção. Como criança, Jesus obedeceu a Maria, sua Mãe. Em Caná, a pedido de Maria, Jesus transformou a água em vinho. Imitando Jesus, pois, ousamos hoje nos dirigir a Maria para que, por sua intercessão, nos seja concedido o dom da inteira submissão ao Pai e, pela mediação única de Jesus, a transformação santificadora de nossa vida no Espírito Santo, que convosco vive e reina, agora e para sempre. Amém.

Bênção

Que pela intercessão de Santa Maria, em nome de sua Conceição Imaculada, o Senhor nos abençoe, nos livre de todo mal, nos enriqueça com a graça da santidade e nos conduza à vida eterna. Amém.

SÉTIMO DIA

A santidade na cruz

V. Vinde, ó Deus, em meu auxílio.
R. Socorrei-me sem demora.
Glória ao Pai, ao Filho e ao Espírito Santo.
Como era no princípio, agora e sempre.
Amém.

"Meu Deus, meu Deus,
por que me abandonaste?
Ficas longe apesar do meu grito
e das palavras do meu lamento?
Mas eu sou um verme, e não um homem,
infâmia dos homens, desprezo do povo.
Não fiques longe de mim, pois a angústia
está próxima e não há quem me ajude."
(Sl 22,2.7.12)

Oração

Ó Deus, que em vista dos méritos de Cristo preparastes uma digna habitação para o vosso Filho, preservando de todo pecado Maria, sua Mãe, concedei-nos viver cada dia mais no amor e na santidade para chegar até vós purificados de toda culpa, por intercessão materna da Imaculada Conceição. Por Nosso Senhor Jesus Cristo, vosso Filho, na unidade do Espírito Santo.

Leitura (cf. Jo 19,25-27)

Perto da cruz de Jesus permaneciam de pé sua mãe, a irmã de sua mãe, Maria de Cléofas, e Maria Madalena. Jesus, então, vendo sua mãe e, perto dela, o discípulo a quem amava, disse à mãe: "Mulher, eis o teu filho!". Depois disse ao discípulo: "Eis a tua mãe!". E a partir dessa hora o discípulo a recebeu em sua casa.

Partilha

Santa como nenhuma outra criatura, preservada do pecado desde o momento de sua concepção, Maria, assim como Jesus, Filho de Deus, não deixaram de experimentar a dor e os sofrimentos físicos e morais que são a herança de toda humanidade filha de Adão. A proximidade de Jesus, ainda mais espiritual do que física — "perto da cruz de Jesus", diz o texto do Evangelho —, ajuda-nos a compreender a santidade de Maria, imaculada na sua concepção e generosamente unida a Jesus em sua cruz.

Perto de Maria, o discípulo amado de Jesus, que nos representa a todos. Perto de Maria seguimos Jesus na cruz para um dia participarmos plenamente da santidade de ambos e de todos os discípulos, ou seja, de toda a Igreja.

Intercessão

Pai, nós vos louvamos por chamar todos os humanos a participar da santidade de vosso Filho, no Espírito Santo. De modo particular, louvamo-vos pela santidade de Maria, pura de todo pecado desde o primeiro momento de sua concepção. Como criança, Jesus obedeceu a Maria, sua Mãe. Em Caná, a pedido de Maria, Jesus transformou a água em vinho. Imitando Jesus, pois, ousamos hoje nos dirigir a Maria para que, por sua intercessão, nos seja concedido o dom da inteira submissão ao Pai e, pela mediação única de Jesus, a transformação santificadora de nossa vida no Espírito Santo, que convosco vive e reina, agora e para sempre. Amém.

Bênção

Que pela intercessão de Santa Maria, em nome de sua Conceição Imaculada, o

Senhor nos abençoe, nos livre de todo mal, nos enriqueça com a graça da santidade e nos conduza à vida eterna. Amém.

OITAVO DIA

Santidade e missão

V. Vinde, ó Deus, em meu auxílio.
R. Socorrei-me sem demora.
Glória ao Pai, ao Filho e ao Espírito Santo.
Como era no princípio, agora e sempre.
Amém.

Quão numerosas são tuas obras, Senhor,
e todas fizeste com sabedoria!
A terra está repleta das tuas criaturas.
Envias teu espírito e tudo vive,
e assim renovas a face da terra.
Que a glória do Senhor seja para sempre,
que o Senhor se alegre com suas obras.
(Cf. Sl 104,24.30-31)

Oração

Ó Deus, que em vista dos méritos de Cristo preparastes uma digna habitação para o vosso Filho, preservando de todo pecado Maria, sua Mãe, concedei-nos viver cada dia mais no amor e na santidade para chegar até vós purificados de toda culpa, por intercessão materna da Imaculada Conceição. Por Nosso Senhor Jesus Cristo, vosso Filho, na unidade do Espírito Santo.

Leitura (cf. At 1,14; 2,1-4)

Todos (os apóstolos), unânimes, perseveravam na oração com algumas mulheres — entre as quais Maria, a mãe de Jesus — e com seus irmãos. Tendo chegado o dia de Pentecostes [...] de repente veio do céu um ruído como o agitar de um vendaval impetuoso, que encheu toda a casa em que se encontravam. Apareceram-lhes, então, línguas de fogo que se repartiam e pousavam sobre cada um deles. E todos ficaram repletos do Espírito Santo e começaram a falar em outras línguas, conforme o Espírito lhes concedia exprimir-se.

Partilha

Santificada desde o momento de sua concepção, Maria é saudada como cheia de graça por ocasião da anunciação. Acompanha seu Filho em santidade, ouvindo a sua palavra e colocando-a em prática. Permanece junto dele na cruz. Por que não estaria ela também junto aos apóstolos, os quais recolhidos em oração depois da partida do Senhor e, no quinquagésimo dia depois da Páscoa, insuflados pelo Espírito, foram enviados em missão a todos os povos, de todas as línguas? Até hoje, acreditamos, junto de seu Filho no céu, Maria acompanha a Igreja em missão, unida a todos os que dão testemunho da santidade de que ela é um perfeito exemplar.

Intercessão

Pai, nós vos louvamos por chamar todos os humanos a participar da santidade de vosso Filho, no Espírito Santo. De modo particular, louvamo-vos pela santidade de Maria, pura de todo pecado desde o primeiro momento de sua concepção. Como criança, Jesus obedeceu a Maria, sua Mãe. Em Caná, a pedido de Maria, Jesus transformou a água em vinho. Imitando Jesus, pois, ousamos hoje nos dirigir a Maria para que, por sua intercessão, nos seja concedido o dom da inteira submissão ao Pai e, pela mediação única de Jesus, a transformação santificadora de nossa vida no Espírito Santo, que convosco vive e reina, agora e para sempre. Amém.

Bênção

Que pela intercessão de Santa Maria, em nome de sua Conceição Imaculada, o Senhor nos abençoe, nos livre de todo mal, nos enriqueça com a graça da santidade e nos conduza à vida eterna. Amém.

NONO DIA

A expressão gloriosa da santidade

V. Vinde, ó Deus, em meu auxílio.
R. Socorrei-me sem demora.
Glória ao Pai, ao Filho e ao Espírito Santo.
Como era no princípio, agora e sempre.
Amém.

"Louvai o Senhor, pois ele é bom:
pois eterno é seu amor.
Louvai o Deus dos deuses:
pois eterno é seu amor.
Louvai o Senhor dos senhores:
pois eterno é seu amor.
Louvai o Deus do céu:
pois eterno é seu amor."
(Sl 136,1-3.26)

Oração

Ó Deus, que em vista dos méritos de Cristo preparastes uma digna habitação para o vosso Filho, preservando de todo pecado Maria, sua Mãe, concedei-nos viver cada dia mais no amor e na santidade para chegarmos até vós purificados de toda culpa por intercessão materna da Imaculada Conceição. Por Nosso Senhor Jesus Cristo, vosso Filho, na unidade do Espírito Santo.

Leitura (cf. Ap 12,1-6.17)

Um sinal grandioso apareceu no céu: uma Mulher vestida com o sol, tendo a lua sob os pés e sobre a cabeça uma coroa de doze estrelas; estava grávida e gritava, entre as dores do parto, atormentada para dar à luz. Apareceu, então, outro sinal no céu: um grande Dragão cor de fogo [...] sua cauda arrastava um terço das estrelas do céu, lançando-as para a terra. O Dragão postou-se diante da Mulher, a fim de lhe devorar o filho, apenas nascesse. [...] Seu filho, porém, foi arrebatado para junto de Deus [...] e a Mulher fugiu para o deserto. [...] Enfurecido por causa da Mulher, o Dragão foi então guerrear contra o resto de seus descendentes, os que observam os mandamentos de Deus e mantêm o testemunho de Jesus.

Partilha

O triunfo de Jesus sobre a morte, compartilhado por sua Mãe e por todos os que lhe observam os mandamentos, é o triunfo dos que vivem junto de Deus, o triunfo dos santos, da santidade de que Maria é a primeira.

Nas vigorosas imagens da Revelação, em que se projetam a fé e a esperança das primitivas comunidades cristãs, a certeza do triunfo da santidade vê na Mulher, indistintamente, a Mãe de Jesus, a que lhe dá à luz e à comunidade cristã a expressão da santidade que foge para o deserto, mas cujos descendentes continuam, na história, a dar testemunho de Jesus.

A Conceição Imaculada de Maria tem, no derradeiro triunfo da santidade, o seu mais belo florão.

Intercessão

Pai, nós vos louvamos por chamar todos os humanos a participar da santidade de vosso Filho, no Espírito Santo. De modo particular, louvamo-vos pela santidade de Maria, pura de todo pecado desde o primeiro momento de sua concepção. Como criança, Jesus obedeceu a Maria, sua Mãe. Em Caná, a pedido de Maria, Jesus transformou a água em vinho. Imitando Jesus, pois, ousamos hoje nos dirigir a Maria para que, por sua intercessão, nos seja concedido o dom da inteira submissão ao Pai e, pela mediação única de Jesus, a transformação santificadora de nossa vida no Espírito Santo, que convosco vive e reina, agora e para sempre. Amém.

Bênção

Que pela intercessão de Santa Maria, em nome de sua Conceição Imaculada, o Senhor nos abençoe, nos livre de todo mal, nos enriqueça com a graça da santidade e nos conduza à vida eterna. Amém.

NOSSAS DEVOÇÕES
(Origem das novenas)

De onde vem a prática católica das novenas? Entre outras, podemos dar duas respostas: uma histórica, outra alegórica.

Historicamente, na Bíblia, no início do livro dos Atos dos Apóstolos, lê-se que, passados quarenta dias de sua morte na Cruz e de sua ressurreição, Jesus subiu aos céus, prometendo aos discípulos que enviaria o Espírito Santo, que lhes foi comunicado no dia de Pentecostes.

Entre a ascensão de Jesus ao céu e a descida do Espírito Santo, passaram-se nove dias. A comunidade cristã ficou reunida em torno de Maria, de algumas mulheres e dos apóstolos. Foi a primeira novena cristã. Hoje, ainda a repetimos todos os anos, orando, de modo especial, pela unidade dos cristãos. É o padrão de todas as outras novenas.

A novena é uma série de nove dias seguidos em que louvamos a Deus por suas maravilhas, em particular, pelos santos, por cuja intercessão nos são distribuídos tantos dons.

Alegoricamente, a novena é antes de tudo um ato de louvor ao Pai, ao Filho e ao Espírito Santo, Deus três vezes Santo. Três é número perfeito. Três vezes três, nove. A novena é louvor perfeito à Trindade. A prática de nove dias de oração, louvor e súplica confirma de maneira extraordinária nossa fé em Deus que nos salva, por intermédio de Jesus, de Maria e dos santos.

O Concílio Vaticano II afirma: "Assim como a comunhão cristã entre os que caminham na terra nos aproxima mais de Cristo, também o convívio com os santos nos une a Cristo, fonte e cabeça de que provêm todas as graças e a própria vida do povo de Deus" (*Lumen Gentium*, 50).

Nossas Devoções procura alimentar o convívio com Jesus, Maria e os santos, para nos tornarmos cada dia mais próximos de Cristo, que nos enriquece com os dons do Espírito e com todas as graças de que necessitamos.

Francisco Catão

Coleção Nossas Devoções

- *Dulce dos Pobres: novena e biografia* – Marina Mendonça
- *Francisco de Paula Victor: história e novena* – Aparecida Matilde Alves
- *Frei Galvão: novena e história* – Pe. Paulo Saraiva
- *Imaculada Conceição* – Francisco Catão
- *Jesus, Senhor da vida: dezoito orações de cura* – Francisco Catão
- *João Paulo II: novena, história e orações* – Aparecida Matilde Alves
- *João XXIII: biografia e novena* – Marina Mendonça
- *Maria, Mãe de Jesus e Mãe da Humanidade: novena e coroação de Nossa Senhora* – Aparecida Matilde Alves
- *Menino Jesus de Praga: história e novena* – Giovanni Marques Santos
- *Nhá Chica: Bem-aventurada Francisca de Paula de Jesus* – Aparecida Matilde Alves
- *Nossa Senhora Aparecida: história e novena* – Maria Belém
- *Nossa Senhora da Cabeça: história e novena* – Mario Basacchi
- *Nossa Senhora da Luz: novena e história* – Maria Belém
- *Nossa Senhora da Penha: novena e história* – Maria Belém
- *Nossa Senhora da Salete: história e novena* – Aparecida Matilde Alves
- *Nossa Senhora das Graças ou Medalha Milagrosa: novena e origem da devoção* – Mario Basacchi
- *Nossa Senhora de Caravaggio: história e novena* – Leomar A. Brustolin e Volmir Comparin
- *Nossa Senhora de Fátima: novena* – Tarcila Tommasi
- *Nossa Senhora de Guadalupe: novena e história das aparições a São Juan Diego* – Maria Belém
- *Nossa Senhora de Nazaré: novena e história* – Maria Belém
- *Nossa Senhora Desatadora dos Nós: história e novena* – Frei Zeca
- *Nossa Senhora do Bom Parto: novena e reflexões bíblicas* – Mario Basacchi
- *Nossa Senhora do Carmo: novena e história* – Maria Belém
- *Nossa Senhora do Desterro: história e novena* – Celina Helena Weschenfelder
- *Nossa Senhora do Perpétuo Socorro: história e novena* – Mario Basacchi
- *Nossa Senhora Rainha da Paz: história e novena* – Celina Helena Weschenfelder
- *Novena à Divina Misericórdia* – Tarcila Tommasi

- *Novena das Rosas: história e novena de Santa Teresinha do Menino Jesus* – Aparecida Matilde Alves
- *Novena em honra ao Senhor Bom Jesus* – José Ricardo Zonta
- *Ofício da Imaculada Conceição: orações, hinos e reflexões* – Cristóvão Dworak
- *Orações do cristão: preces diárias* – Celina Helena Weschenfelder
- *Os Anjos de Deus: novena* – Francisco Catão
- *Padre Pio: novena e história* – Maria Belém
- *Paulo, homem de Deus: novena de São Paulo Apóstolo* – Francisco Catão
- *Reunidos pela força do Espírito Santo: novena de Pentecostes* – Tarcila Tommasi
- *Rosário dos enfermos* – Aparecida Matilde Alves
- *Rosário por uma transformação espiritual e psicológica* – Gustavo E. Jamut
- *Sagrada Face: história, novena e devocionário* – Giovanni Marques Santos
- *Sagrada Família: novena* – Pe. Paulo Saraiva
- *Sant'Ana: novena e história* – Maria Belém
- *Santa Cecília: novena e história* – Frei Zeca
- *Santa Edwiges: novena e biografia* – J. Alves
- *Santa Filomena: história e novena* – Mario Basacchi
- *Santa Gemma Galgani: história e novena* – José Ricardo Zonta
- *Santa Joana d'Arc: novena e biografia* – Francisco de Castro
- *Santa Luzia: novena e biografia* – J. Alves
- *Santa Maria Goretti: história e novena* – José Ricardo Zonta
- *Santa Paulina: novena e biografia* – J. Alves
- *Santa Rita de Cássia: novena e biografia* – J. Alves
- *Santa Teresa de Calcutá: biografia e novena* – Celina Helena Weschenfelder
- *Santa Teresinha do Menino: novena e biografia* – Jesus Mario Basacchi
- *Santo Afonso de Ligório: novena e biografia* – Mario Basacchi
- *Santo Antônio: novena, trezena e responsório* – Mario Basacchi
- *Santo Expedito: novena e dados biográficos* – Francisco Catão
- *Santo Onofre: história e novena* – Tarcila Tommasi
- *São Benedito: novena e biografia* – J. Alves

- *São Bento: história e novena* – Francisco Catão
- *São Brás: história e novena* – Celina Helena Weschenfelder
- *São Cosme e São Damião: biografia e novena* – Mario Basacchi
- *São Cristóvão: história e novena* – Mário José Neto
- *São Francisco de Assis: novena e biografia* – Mario Basacchi
- *São Francisco Xavier: novena e biografia* – Gabriel Guarnieri
- *São Geraldo Majela: novena e biografia* – J. Alves
- *São Guido Maria Conforti: novena e biografia* – Gabriel Guarnieri
- *São José: história e novena* – Aparecida Matilde Alves
- *São Judas Tadeu: história e novena* – Maria Belém
- *São Marcelino Champagnat: novena e biografia* – Ir. Egídio Luiz Setti
- *São Miguel Arcanjo: novena* – Francisco Catão
- *São Pedro e São Damião: biografia e novena* – Maria Belém
- *São Peregrino Laziosi* – Tarcila Tommasi
- *São Roque: novena e biografia* – Roseane Gomes Barbosa
- *São Sebastião: novena e biografia* – Mario Basacchi
- *São Tarcísio: novena e biografia* – Frei Zeca
- *São Vito, mártir: história e novena* – Mario Basacchi
- *Senhora da Piedade: setenário das dores de Maria* – Aparecida Matilde Alves
- *Tiago Alberione: novena e biografia* – Maria Belém